ÉPITRE

A L'ANNIVERSAIRE DE JUILLET.

IMPRIMERIE DE AUGUSTE MIE,
RUE JOCQUELET, N. 9.

ÉPITRE

A L'ANNIVERSAIRE DE JUILLET,

PAR M. L*****, FILS AINÉ,

MEMBRE DE L'ORDRE NATIONAL DE JUILLET.

> Et la main frissonnante des
> rois allait jeter aux peu-
> ples leur émancipation.
> Page 7.

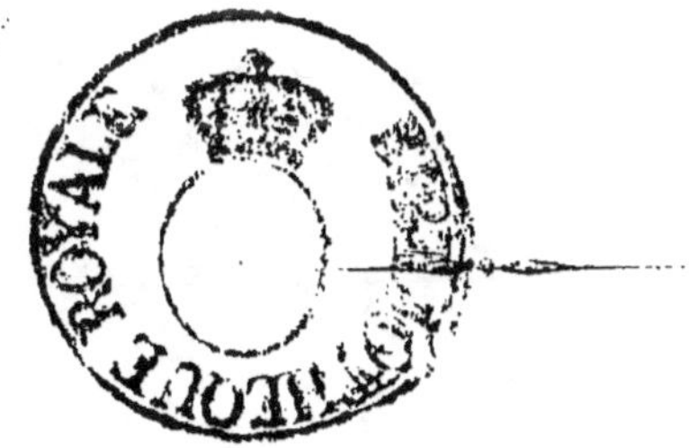

PARIS,

PAULIN, LIBRAIRE, PLACE DE LA BOURSE,

ET CHEZ TOUS LES MARCHANDS DE NOUVEAUTÉS.

1832.

ÉPITRE

A L'ANNIVERSAIRE DE JUILLET.

Je te salue, ô immortel anniversaire!

France incline-toi, le soleil de juillet regarde ton sol.

Ses rayons s'éteignaient sur le front humide de cent mille soldats-citoyens se reposant sur les faisceaux du combat, et les chants de l'hymne national s'élevaient aux cieux, annonçant au monde un triomphe éclatant : c'était le Vingt-neuf juillet.

Sur leur vaste camp, que sillonnaient d'immortelles barricades, ces guerriers, complices de trente millions d'hommes, avaient arraché à la mitraille la souveraineté du peuple, et faisaient voler à la face des potentats les éclats d'un trône vermoulu, poussant ignominieusement pour la dernière fois, à l'Océan, le dernier des soixante-huit rois, qui avait excité sa colère.

J'ai dit la souveraineté du peuple!...... Hélas! il ne fut souverain qu'un jour.... Mais qu'il fut grand et sage après la victoire et pendant son règne! Il n'eut pas de haine; vainqueur généreux, il l'eût déposée sur une branche d'olivier, pour l'offrir aux vaincus.

Héros de juillet, vous donniez à la France les glorieuses couleurs qu'avait arborées, dans toutes les capitales de la vieille Europe, son ancienne armée. Vous les eussiez portées au sommet des Alpes; les nations se fussent inclinées et les eussent saluées comme le symbole de leur indépendance et d'une étroite union; et là, sous le canon d'Austerlitz et de Wagram, eussent été déchirés de honteux traités (1). Déjà les rois fléchissaient le

______

(1) Les traités de 1815.

genou, et leur main frissonnante allait jeter aux peuples leur émancipation.

Oui, vous avez donné à la France ce drapeau qui flotta sur le sol des deux mondes, et l'on vous donne le coq gaulois, jeté sans doute à la révolution de juillet, pour en remplir les intentions, lorsque les os du Louvre, ses stigmates et vos mutilations sont la protestation vivante des honteuses subtilités à l'aide desquelles on entoure votre immortelle conquête.

Nées de ces monstrueuses subtilités de l'école doctrinaire, les furies, filles de la guerre civile, au sifflement des serpens qui couronnent leur tête, secouent incessamment leurs torches au sein de nos cités. Les ennemis de la patrie, ses vrais ennemis, microscopique fraction légitimiste, qui pourtant est attachée au ratelier du budget, toujours debout, aiguisent en sécurité leurs armes sous la protection de leurs emblêmes, foulent aux pieds le drapeau national, et lui substituent audacieusement un étendard flétri qui rallia, à d'autres époques, d'autres égorgeurs, l'étendard de la saint Barthélemi et des dragonnades. Le sol breton, rouge de sang, voit tomber d'épuisement ses populations. Vampire insatiable des prêtres, le fanatisme

politique et religieux, assis dans leur sein, dévore
avec ardeur ce que lui jette le désordre de ces mal-
heureuses contrées. Le meurtre, le pillage, l'in-
cendie, la dévastation, la misère, des larmes et
des gémissemens, tel est ici le tableau légère-
ment esquissé de cette terre historique, de cette
patrie, des malheureux descendans de nos vieux
Armoricains. Ici, un patriote de notre première
révolution pleure son fils égorgé sur ses cheveux
blancs; là, une épouse pleure son époux, ses enfans assassinés dans ses bras; ailleurs, un fils pleure
une famille entière!

Les bras gigantesques du monstre s'étendent sur
ées populations du Midi, et les déchirent avec une
lgale fureur.

Hommes superbes, qui violez froidement nos
lois, votre eunuque voix se perdrait au milieu
de ces déchiremens; vous n'avez pas, dans votre
pouvoir éphémère, les élémens qui pourraient
les arrêter, et vous n'avez pas non plus le senti-
ment du bien public; vous n'êtes qu'ignorans et
audacieux; ils sont votre ouvrage.

Allez, descendez à la barre de la nation; là,
vous attend le banc des criminels d'état; déjà le

pont-levis du château de Ham se lève sur votre
tête coupable.

D'Holy-Rood, un roi parjure et bigot, que pour
la troisième fois nous jetons aux peuples comme
une leçon, contemple froidement tous ces maux,
et attend impatiemment les clefs de la patrie,
jetées pas-dessus les baïonnettes étrangères par
les mains de quelque traître.

Insensé, sa tête se brisera au seuil national, et
le linceul de Louis XVI se déroulera pour enve-
lopper à jamais les débris de sa royauté stigma-
tisée.

La Pologne, sœur chérie de la France, est
morte sous un lâche mensonge; mais sa nationalité, errante aujourd'hui, des mines du Mont-
Oural (1) aux Pyrénées, ne périra pas sous les
articles infâmes d'un ukase russe.

Les peuples ont toujours leur réveil : la mort
est celui du despotisme quand les peuples ont des
fers.

Pologne des Jagellon, des Ostrowski, non,

(1) Montagne de la Sibérie.

non, ta nationalité ne périra pas! elle ne s'étei-
dra qu'avec le dernier de tes enfans!

La souveraineté nationale est illusoire.

Les lois qui garantissent aux citoyens leur liberté individuelle, et celle de leurs opinions politiques et religieuses;

Qui leur donnent le droit de se réunir, de s'as-
socier, et d'émettre librement leur pensée, sauf
la responsabilité du délit contraire aux lois;

Qui fixent d'une manière claire et précise la
responsabilité des ministres;

Qui constituent la pairie, sous la dénomination
de Sénat, d'après un système exclusivement élec-
tif;

Qui abolissent les titres et les privilèges, quels
qu'ils puissent être;

Qui établissent l'élection populaire, sur un principe large, appliqué aux municipalités, aux con-
seils-généraux de département, à la magistrature,
et accordent à tous les Français éclairés et indé-

pendans l'exercice du droit électoral, sans limites conditionnelles d'éligibilité;

Une répartition équitable des charges de l'État, sur une échelle à la fois proportionnelle et progressive;

Qui règlent l'extension et la liberté de l'enseignement sur des bases morales;

Qui modifient le droit d'ordonnance, suppriment les cumuls, les sinécures et les pensions existantes, illégalement accordées jusqu'à ce jour, pour n'être plus que les récompenses des services réels;

Qui anéantissent tous les monopoles de quelque nature qu'ils puissent être, flétrissent l'agiotage, l'oisiveté, etc.

Ces lois, dis-je, en brisant les fers des patriotes qui peuplent, depuis près de deux ans, les cachots et les galères, manquent, comme garanties principales sur lesquelles repose la liberté du peuple français, exprimées déjà ainsi en termes plus concis :

« Interrogez les morts qui entourent le Louvre; l'éloquence des tombeaux vous répondra.

» Si vous ne la comprenez pas, enterrez le dra-
» peau tricolore au milieu des cadavres de vos
» frères égorgés le 29 juillet; dites adieu à la li-
» berté, vous ne méritez pas d'être libre. »

Eh bien ! que l'on demande, toujours avec dé-
rision, ce que, de par la révolution de juillet,
veut et exige le peuple, d'énergiques pétitions,
comme celles des 5 et 6 juin, à Paris, et celles
dont le télégraphe expédie successivement l'ana-
lyse, se chargeront de répondre.

Martyrs de juillet, en mourant pour votre
patrie, vous éleviez un autel à la liberté, et pourtant un voile épais dérobe à son front les rayons
du soleil qui éclaira votre triomphe. Ah! qu'ils
s'éteignent sur ce parricide, et que l'aurore de
l'immortel anniversaire voie debout tes enfans, ô
Liberté sainte! foulant aux pieds leurs fers bri-
sés; qu'éternellement groupés à ton socle, si le
canon de Charles X, encore brûlant des deux
journées de juin, avait encore des satellites pour
les ensanglanter, qu'ils deviennent, dans leurs
mains, une arme terrible et l'effroi de tes oppres-
seurs.

Mânes des martyrs de juillet, apaisez-vous.
Vous aurez une tombe; vos frères briseront leurs
fers.

L'insurrection parisienne, secouant sur ses barricades la poussière du drapeau de Marengo, ap-
pelait à la conquête de leur indépendance tous les
peuples engourdis de la vieille Europe; elle of-
fensa le despotisme continental; et, bien que
comprimée, dans toutes ses conséquences, |dans
les mains de quelques-uns de ces hommes que l'on
retrouve toujours, comme parrains ou compères,
au baptême d'un gouvernement naissant, par-
tout où il y a de l'or à dévorer, une atmosphère
d'emplois et de dignités, les concessions honteuses que l'égoïsme de ces hommes, autant que
leur impéritie, ne cessent de lui faire, les humilia-
tions qu'ils font subir au pays, rien ne tuera le
principe : l'offense vit; elle sera vengée. D'épaisses
colonnes de soldats pressent étroitement la fron-
tière : le qui vive de nos avant-postes a de l'écho.

O France, ô ma patrie, si ce même écho doit

un jour jeter dans ton sein ces mots terribles :
L'armée française n'est plus! si, dévorée par toi-
même, tu ne présentais plus, dans un immense
squelette, que des colonnes renversées, des cadavres et des gerbes de ronces sur une terre in-
culte, que tes rayons, astre des guerriers-ci-
toyens, se brisent sur d'épais nuages; et qu'au
milieu d'une nuit profonde, si, devant cet aspect,
vous ne reculez pas épouvantées jusqu'aux limites
de l'Europe, hordes habituées à fuir autrefois devant notre terrible pas de charge, avancez! Debout encore, sur ses ruines et sous ses couleurs
unies à celles du deuil et de la mort, une dernière génération de la France de juillet vous attend pour vous anéantir avec elle-même sur le
vaste cercueil de la France.

Mais frémissez, vous qui dévorez l'or et le sang
du peuple; arlequins politiques de tous les temps
et de tous les lieux, habiles à vous glisser sur les
transitions des gouvernemens qui meurent et
naissent; pâles caméléons, qui, assis déjà sur les
foyers de l'étranger, mendiant son pain, mesurez
sans doute encore du regard la distance qui vous
sépare du Rhin, de la Manche, de la Bidassoa,
il n'est plus d'issue. Les échasses de l'émigration
seront brisées ; vous tomberez avez fracas, et le

dernier soupir des derniers Français ira s'éteindre sur vos ossemens, confondus à ceux des soldats de la coalition nouvelle. Encore une fois, frémissez, car un nouveau Barathre (1) est ouvert à vos pieds.

Ici, je jette une larme dans l'urne de la patrie; mais elle est de feu. .   .   .   .

.   .   .   .

.   .   .   .

(1) Le Barathre, chez les Athéniens, était un gouffre où l'on précipitait les criminels.